AF331254

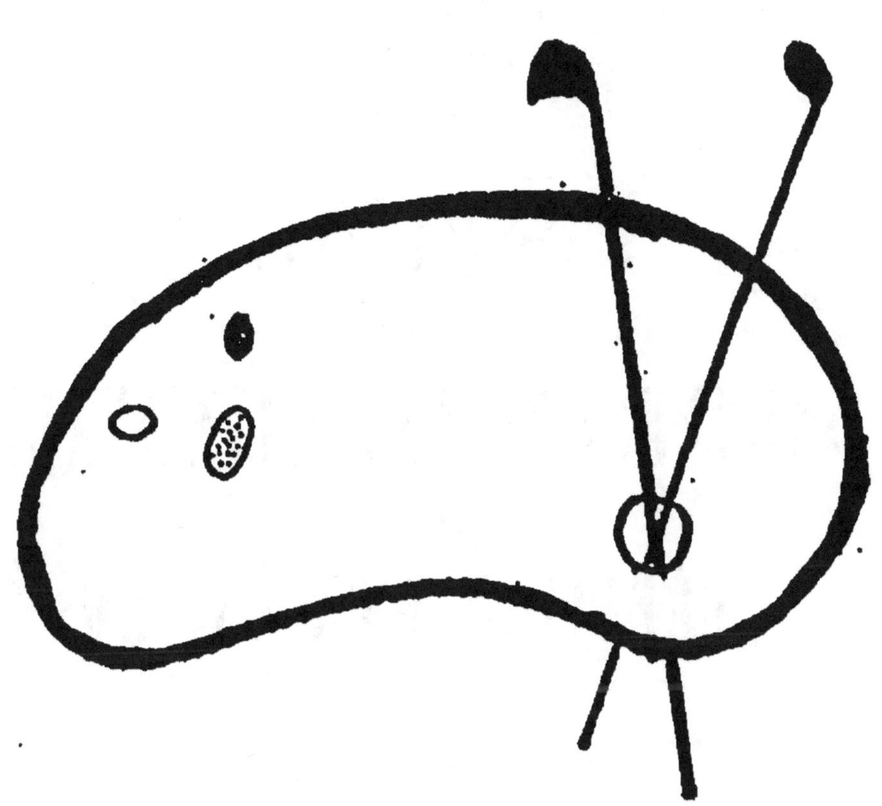

DEBUT D'UNE SERIE DE DOCUMENTS
EN COULEUR

SOCIÉTÉ ANONYME D'ÉTUDE
POUR LE DÉVELOPPEMENT RATIONNEL
DE
L'HIVERNAGE EN ALGÉRIE
AU CAPITAL DE 25,000 FRANCS

ÉTUDE

SUR

ALGER STATION HIVERNALE

ET LA

CRÉATION D'UN CASINO

PAR

Ch. MONFORT

ARCHITECTE, ALGER

ALGER
IMPRIMERIE ORIENTALE FONTANA FRÈRES ET Cie
3, RUE PÉLISSIER, 3
1910

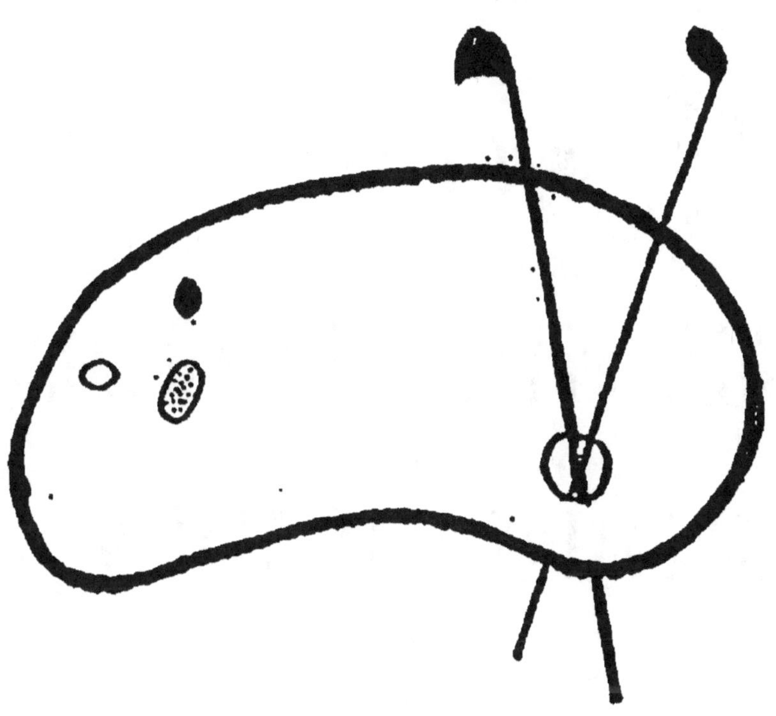

FIN D'UNE SERIE DE DOCUMENTS
EN COULEUR

SOCIÉTÉ ANONYME D'ÉTUDE
POUR LE DÉVELOPPEMENT RATIONNEL
DE
L'HIVERNAGE EN ALGÉRIE
Au Capital de 25,000 Francs

———

ÉTUDE

SUR

ALGER STATION HIVERNALE

ET LA

CRÉATION D'UN CASINO

PAR

Ch. MONFORT

ARCHITECTE, ALGER

ALGER
IMPRIMERIE ORIENTALE FONTANA FRÈRES ET Cie
3, RUE PELISSIER, 3

1910

ÉTUDE SUR ALGER STATION HIVERNALE

ET LA

CRÉATION D'UN CASINO

PREMIÈRE PARTIE

ALGER STATION HIVERNALE

Une des formes récentes de l'activité humaine et qui devient aujourd'hui une véritable industrie, c'est la mise en valeur des avantages naturels que possèdent certains pays sur d'autres.

Cette industrie est née du perfectionnement des moyens de voyager et de la facilité qui en est résultée de se déplacer, sans fatigue, même avec plaisir, jusque d'une partie du monde à une autre.

Et se déplacer est devenu un véritable besoin ; on se déplace pour aller, en hiver, vers un climat plus doux, pour trouver plus de fraîcheur en été ; on se déplace pour chercher la santé ou se reposer des affaires, d'aucuns se déplacent constamment, nomades d'un nouveau genre, allant sans cesse par le monde, vivant à l'hôtel ou sur le paquebot, pour n'avoir, même pas, le souci d'un intérieur.

Les déplacements d'été sont surtout locaux : on va à la

montagne ou à la plage la plus proche, sans, le plus souvent, changer de pays.

Les déplacements d'hiver, au contraire, sont de beaucoup plus importants et de plus grande amplitude. C'est au premier froid une véritable migration des gens du Nord fuyant les rigueurs de leur climat pour un ciel plus clément.

C'est l'exode, la marche au Soleil vers la terre promise et les gens du vieux et du nouveau monde sont toujours attirés sur les bords de l' « internum mare », la mer qui a vu naître Carthage, fille de Tyr et rivale de Rome : la Méditerranée.

Les rives de la Méditerranée, où la Civilisation a trouvé un sol si fécond sous un ciel incomparable, ont, plus que jamais, leur puissance magique d'attirance.

Cette mer lumineuse baigne des terres bénies où la vie est plus douce et, alors qu'ailleurs la nature s'endort sous son manteau de froidure, les fleurs couvrent partout les bords de ses flots bleus.

Aussi sa renommée rayonne-t-elle par dessus tout et, sur ses rives, du monde entier, puissants et riches, malades ou bien portants, ceux qui recherchent le plaisir ou la santé viennent y goûter la douceur de mieux vivre.

Aussi les côtes de France et d'Italie aimées du soleil, mais autrefois arides et sauvages, sont devenues, par la puissance de l'or, des pays de rêves où les villes luxueuses et les palais se succèdent dans une suite sans fin de jardins féeriques aux fleurs rares et parfumées.

Nice était autrefois très malsaine ; les vents d'ouest empoisonnaient l'atmosphère, rejetant sur elle les miasmes paludéens du Var. L'eau pure faisait défaut et, souvent décimée par la peste, elle la vit encore éclater en 1735.

Depuis, le Var a été endigué, les marais desséchés puis assainis par des plantations ; la Vésubie captée et canalisée, alimente maintenant Nice d'eau excellente et arrose ses magnifiques jardins. L'or des hiverneurs a fait ce miracle.

La Côte d'Azur, parce que plus à proximité, a joui la première des bienfaits de l'affluence des hiverneurs. Tout le monde a voulu connaître et tout le monde connaît ces rives merveilleuses et enchanteresses où se trouvent Nice, Cannes, Menton et Monte-Carlo.

Mais aujourd'hui les distances vont en s'amoindrissant et le mouvement va s'amplifiant ; l'Europe n'est plus la seule cliente, le Nouveau Monde apporte aussi son contingent.

Et on commence à se sentir à l'étroit dans ce coin privilégié si bien organisé pour l'exploitation intensive de l'industrie qui nous occupe.

D'autant plus à l'étroit que le rail transportant à meilleur marché permet maintenant au plus grand nombre l'accès de ces pays, réservés autrefois aux privilégiés de la fortune.

D'autant plus à l'étroit encore que les constants mouvements du sol à Ischia et autres lieux, la catastrophe de Messine enfin, ont effrayé et chassé la riche clientèle qui fréquentait les côtes italiennes, la rejetant très loin, jusqu'en Egypte.

L'Egypte même a perdu son mystère : le Caire, l'ancienne ville d'art, n'est plus qu'un immense caravansérail trop modernisé. Elle n'est intéressante qu'aux gens très riches qu'attirent les excursions sur le Nil.

Ces dans ces conditions que la côte africaine française vient offrir sa station d'Alger et toute l'Algérie qui possède, au point de vue touristique, des ressources incomparables.

L'Algérie est en effet un pays rêvé pour le tourisme et Alger, sa capitale, une station hivernale idéale.

Si l'on songe à ce que l'on a fait du coin malsain et aride qu'était Nice, on peut se demander ce que l'on pourrait faire d'Alger où la nature ne s'est pas seulement montrée douce, mais où elle a comme prodigué et accumulé ses bienfaits.

Alger pourrait, par la plus grande douceur de son climat, la beauté de sa baie, le charme captivant de ses campagnes, prétendre à autant de faveur que les villes les plus réputées de la Méditerrannée.

Mais Alger n'est que le seuil de cet immense continent longtemps mystérieux, le continent noir, qui ne finit plus qu'au cap de Bonne-Espérance.

Alger, c'est la ville orientale à façade européanisée, où se coudoient déjà, dans un pittoresque mélange, toutes les variétés de races africaines.

Alger, ce n'est pas la côte précieuse, mais enfermée entre la montagne et la mer, c'est le seuil du vaste hinterland algérien, qui de la Tunisie au Maroc, de la mer aux confins du Sahara, offre au touriste son réseau de merveilleuses routes solides et bien entretenues, permettant les lointaines randonnées, vers des pays nouveaux et constamment variés.

Dans quelques heures, en effet, en quittant Alger, on peut, en automobile, atteindre commodément des oasis comme Bou-Saâda, après avoir traversé le Sahel, la Mitidja et les Hauts-Plateaux, toutes contrées aux climats différents et aux aspects si divers et si imprévus, qu'ils confondent le voyageur qui les traverse pour la première fois.

Alger, c'est, à portée, toute l'Algérie, c'est le Sahel, la colline méditerranéenne par excellence, qui trempe ses pins et son maquis parfumé jusque dans la mer ; c'est Tipaza, Cherchell, le Tombeau de la Reine, vieux souvenirs de la Mauritanie antique. C'est la plaine de la Mitidja avec ses grandes cultures et ses orangeries. C'est le Tell, c'est le Petit Atlas, Hammam-R'Hira, Médéa, Miliana, puis Boghari et ses steppes immenses, Téniet et ses forêts de cèdres, Bou-Saâda, la sainte et mystérieuse oasis, puis Laghouat, Ghardaïa, etc., etc.

C'est, à l'Ouest : Oran, Téniet, Tlemcen, la perle du Moghreb, et enfin Oudjda et Figuig.

C'est, à l'Est : la Grande Kabylie, la Suisse africaine avec ses grandes forêts ; c'est Bougie, les Gorges du Chabet-el-Akra, la Grotte de Dar-el-Oued ; c'est El-Kantara, les gorges de Tilatou, Biskra ; c'est l'Aurès et ses troglodytes ; c'est la corniche de Djidjelli ; c'est Constantine et son Rhumel, Bône, la Petite Kabylie ; c'est enfin Lambèse, Tébessa et Timgad, la Pompéï africaine.

Nulle station de la Méditerranée ne peut offrir plus qu'Alger, nulle station ne peut offrir mieux et nulle station ne peut aspirer à un avenir plus grand et plus certain.

Quand la clientèle des stations d'hiver ne comprenait que des continentaux européens, la mer était une cause d'infériorité pour Alger ; mais, aujourd'hui, la mer ne compte plus pour la majorité de cette riche clientèle. Les grandes Compagnies maritimes, qui cherchaient autrefois à attirer à elles par la grande vitesse, ont abandonné cette méthode pour offrir plus de confort à bord, le séjour sur ces paquebots étant devenu un plaisir recherché.

Or, Alger se trouve sur une des routes les plus fréquentées du monde : la route du Nord de l'Europe et de toute l'Amérique vers l'Orient, les Indes et l'Extrême-Orient.

Sur sa rade passent les plus grands paquebots existant, appartenant aux lignes régulières des plus grandes Compagnies maritimes du monde. Les voyageurs et touristes du Nord de l'Europe ou de l'Amérique touchent à Alger, avant d'arriver à Naples ou à Gênes. Alger est donc, maintenant, plus à portée de cette clientèle, que la Côte d'Azur.

Il faut, pour bien se pénétrer de l'importance et de l'avenir d'Alger comme station hivernale, et de l'Algérie entière, comme pays de tourisme, regarder sur la magnifi que rade d'Alger les immenses navires qui y stationnent presque journellement, et savoir que, pendant la belle saison, passent ainsi plus de *70,000* voyageurs à la recherche d'un plaisir nouveau, passants qu'un effort adroit peut retenir.

C'est cet effort qu'il faut faire.

DEUXIÈME PARTIE

CRÉATION D'UN CASINO

Nous avons dit que la nouvelle industrie, dont il a été précédemment question, consistait dans la mise en valeur des avantages naturels d'un pays, pour en retirer, pour ce pays, le plus grand profit possible.

De quelle façon opère-t-on cette mise en valeur ? Pour cela, nous n'avons qu'à regarder ce qui s'est fait ailleurs et nous remarquerons bien vite et partout deux sortes d'établissements concourant à ce but : le Casino et les Hôtels.

Le Casino c'est l'âme, le centre attractif par excellence de toutes les stations. C'est le lieu où l'esprit de société peut reprendre ses droits en permettant aux étrangers disséminés dans les hôtels de se réunir pour jouir en commun et à leur gré de toutes les distractions qu'ils recherchent.

Alger a tout ce qu'on peut trouver ailleurs et plus encore pour attirer, mais rien pour retenir. Le voyageur riche est vite blasé sur les spectacles de la nature, car, s'il arrive à en jouir, ce n'est qu'à la condition de trouver, en outre, les moyens de se distraire suivant ses goûts.

Il manque, à Alger, un Casino, non pas la vulgaire maison de jeu, mais l'établissement qui, comme à Biarritz, offre ses salons, ses salles de concert et de spectacle, son restaurant, les jeux et distractions à la mode et qui perme aux hiverneurs de se réunir ailleurs qu'à l'hôtel et de se retrouver en bonne compagnie, dans un milieu de luxe et de confort à leur convenance.

Ce genre d'établissement existe partout et il n'est pas de station hivernale ou saisonnières, fréquentées, sans lui. Il est absolument indispensable et exigé de cette riche clientèle qu'il faut attirer et retenir.

C'est que le jeu constitue la distraction la plus recherchée et que ce sont ses recettes qui permettent de transformer si miraculeusement les stations renommées.

Doter Alger d'un Casino de ce genre, c'est commencer enfin, d'une façon pratique, l'utilisation, la mise en valeur de tous ces trésors de la nature dont il a été si généreusement doté.

Mais il faut que cet établissement soit largement conçu pour pouvoir satisfaire aux exigences d'une clientèle nombreuse et fortunée. Il faut que, par sa situation, par ses dimensions et son style, il constitue une œuvre de grande originalité et soit lui-même une attraction sérieuse devant faire la renommée de la station.

Il faut donc, avant tout, assurer son existence et le placer en belle situation, autant que possible au centre de la station et, pour Alger, sa place est tout indiquée dans ce quartier déjà recherché des étrangers, à Mustapha-Supérieur.

L'importance de cet établissement doit correspondre à celle de la station. Alger étant dans une situation unique, doit être considérée comme une station hors de pair et son Casino doit être de premier ordre.

Le grand avenir d'Alger comme station hivernale et de l'Algérie comme pays de tourisme étant assuré, la création du Casino ne peut être qu'une bonne affaire ; c'est du reste la seule station d'hiver de grande valeur où la place est encore libre pour un établissement de ce genre. Et, nous le répétons, les côtes de la Méditerranée deviennent de plus en plus le rendez-vous des riches voyageurs du monde entier.

En effet, si on examine le rendement des jeux en France depuis l'application de la loi qui les règlemente, on trouve, pour la Côte d'Azur, c'est-à-dire pour Nice et ses environs, un produit plus fort que celui de tous les autres établissements autorisés en France.

Le bénéfice des jeux a été, pour l'été 1907 :

Écarté et baccara... 9.734.832 fr. } Ensemble : 13.914.939 fr.
Petits chevaux..... 4.180.107 »

Le bénéfice des jeux, du 1er novembre 1907 au 31 octobre 1908, a été de :

Écarté et baccara.. 18.618.005 fr. } Ensemble : 28.746.865 fr. (1)
Petits chevaux.... 10.128.860 »

Si nous déduisons de ce total le montant de l'été 1907, soit .... 13.914.939 fr.

nous trouvons pour l'hiver 1907-1908 le chiffre de. 14.831.926 fr.

Hors la saison d'été, c'est l'ensemble des plages, des stations estivales et des villes d'eaux de France.

La saison d'hiver, c'est à très peu près, la Côte d'Azur seule et les chiffres ci-dessus démontrent que Nice et ses environs font plus que toutes les autres stations réunies de France, malgré la concurrence redoutable de Monaco.

Si l'on pouvait connaître avec assez de précision le nombre de baigneurs ou touristes fréquentant l'ensemble des stations estivales, plages ou villes d'eau, on arriverait certainement à un chiffre très supérieur à celui des hiverneurs fréquentant les stations d'hiver et on serait frappé de l'inversion de la proportion du rendement des jeux, dans ces deux sortes de stations.

(1) Les recettes de 1908-1909 se sont élevées à 37.453.180 fr. 30.

C'est que leurs clientèles sont absolument différentes. La clientèle estivale est plutôt, ainsi que nous l'avons déjà exposé, une clientèle locale et, pour les villes d'eaux particulièrement, composée en grande partie de baigneurs recherchant avec économie, plutôt la santé que le plaisir.

Quelle sera l'importance des bénéfices du Casino d'Alger?

Il est très difficile de faire une évaluation de ce genre et même presque impossible de procéder par analogie.

Pour être logique, en effet, nous devons calculer sur le rendement des stations d'hiver de la Méditerranée et alors nous arrivons à des évaluations que nous n'osons pas exposer par crainte d'être taxés d'exagération.

Si nous calculons d'après les rendements des stations d'été, il nous devient impossible d'établir des relations entre le rendement de ces établissements et l'importance de leur clientèle et de nous en servir parce que nous sommes dans des conditions tout à fait différentes. Les chiffres officiels que nous avons déjà cités plus haut, démontrent en effet avec évidence que le rendement de la clientèle des stations estivales est de beaucoup inférieur et hors de proportion avec le rendement de la clientèle des stations d'hiver.

Surtout si l'on considère qu'Alger est une station essentiellement hivernale, mais encore que sa clientèle sera beaucoup plus riche que celle fréquentant même la Côte d'Azur, parce qu'elle est naturellement sélectionnée par la traversée maritime, et, pour citer un exemple, la clientèle américaine qui trouve Alger comme première escale sur son chemin dans la Méditerrannée est une clientèle réputée plus dépensière que toutes les autres.

Quel est le mouvement actuel des clients de la station et que sera-t-il dans l'avenir ?

Alger et l'Algérie sont en progrès constant et les prévisions les plus optimistes sont à chaque instant dépassées par la réalité.

Quand on examine les statistiques officielles, on retrouve, pour toutes les branches de l'activité de ce pays, les mêmes courbes franchement ascendantes qui, surtout pour les dernières années, accusent un développement surprenant

Le mouvement des hiverneurs suit la même progression et sa représentation graphique donne la même courbe progressive dont l'élévation régulière est un sûr garant de son importance à venir.

Le nombre des hiverneurs est passé de 3,795 pour la saison 1900-1901 à 11,494 pour celle de 1908-1909, et si la même progression se continue, elle sera de plus de 14,000 pour la saison actuelle.

Aussi les tenanciers d'hôtels, surtout à Mustapha, se préoccupent-il d'augmenter, pour la saison prochaine, leur faculté de réception et plusieurs nouveaux grands hôtels sont projetés.

La plupart des hiverneurs arrivent à Alger par la voie maritime.

Évaluer la quantité de voyageurs pouvant être transportés pendant la saison par les navires qui desservent son port, c'est évaluer du même coup l'importance possible de la clientèle de la station d'Alger.

Les Compagnies françaises peuvent facilement amener à Alger plus du 20,000 voyageurs de cabines pendant la saison. Les Compagnies étrangères ont à la disposition de leur clientèle plus de 80,000 cabines à l'aller comme au retour.

Et cette quantité ira encore en croissant parce que les Compagnies étrangères augmentent à chaque instant le tonnage de leurs navires. Les Compagnies françaises suivent la même voie et la Compagnie Transatlantique a, sur ses chantiers, trois nouveaux paquebots de 6,000 tonnes du type Carthage destinés à la ligne Marseille-Alger.

Le chiffre du mouvement des hiverneurs à prévoir peut donc se trouver entre le chiffre actuel de 14,000 et celui de 100,000.

La possibilité de recevoir une clientèle suffisante est donc démontrée et quand, par une réclame intelligente, on fera savoir à cette clientèle qu'ils trouveront à Alger un Casino de premier ordre, dans une situation unique au monde, et aussi de bons et confortables hôtels, nul ne peut mettre en doute que cette station ne sera une des plus réputées et des plus prospères.

Où faut-il placer le Casino ?

Il n'est pas indifférent, en effet, de le placer dans un endroit ou dans un autre.

En principe, deux solutions se présentent : Placer le Casino au centre de l'agglomération et à portée de la population algéroise.

Ou le placer en dehors de l'agglomération, dans un quartier déjà fréquenté par la clientèle de passage, comme Mustapha-Supérieur, et à portée de cette clientèle.

Pour se décider entre ces deux solutions, il faut se demander pourquoi la création d'un Casino à Alger est désirable.

De l'avis de tous les auteurs de projets, depuis celui de M. de Redon jusqu'au plus récent, cet établissement est réclamé comme indispensable pour que les étrangers puissent trouver à Alger les mêmes distractions que dans les stations qu'ils fréquentent habituellement.

La logique voudrait donc que le Casino soit placé à portée et construit au goût de la clientèle étrangère, sur laquelle on compte.

Cependant, dans une lettre du Président du Comité d'Hivernage, publiée par *la Dépêche Algérienne*, il est dit, après un exposé sur la nécessité d'un Casino pour *attirer et retenir les hiverneurs* que,

« Tablant sur le principe qu'un tel Casino doit avoir
« pour clientèle la population hivernale et les habitants
« bourgeois de la ville, nous avions choisi au cœur même
« de la Cité, comme cela se produit à Nice, Aix-les-Bains,
« Pau, Luchon, Biarritz, etc. ».

Il y a là une erreur évidente de raisonnement, car il y a
une différence essentielle entre ces villes et Alger.

Ces villes, en effet, n'existent que parce qu'elles sont des
stations fréquentées par les étrangers; elles n'ont pas
d'autres raisons d'être et ne vivent que de cette industrie
spéciale. Dans ces conditions, il est logique que, puisque
la ville entière n'est elle-même qu'une station saisonnière
ou thermale, que la principale attraction soit placée au cœur
même de cette station.

Il est cependant à dire que pour la plupart des stations
citées, les choses se sont passées autrement. A Nice, par
exemple, le centre de la ville de plaisir a été placée, à
l'origine, assez loin de l'ancien port, et les quartiers luxueux
se sont développés autour d'un premier noyau jusqu'à join-
dre la vieille ville dont ils restent, cependant, encore sépa-
rés par le Paillon.

A Bagnères de Luchon, l'établissement thermal et le
Casino sont à près d'un kilomètre au sud du vieux Luchon,
à l'extrémité des allées d'Etigny et presque partout le
même phénomène s'est produit.

On a choisi, en dehors des agglomérations existantes,
les endroits plus pittoresques et mieux situés, et, l'affluence
des visiteurs aidant, les vides se remplissent et la station
nouvellement créée devient le véritable centre autour duquel
tout gravite.

Alger est dans une situation différente. Alger est une
grande ville commerçante. C'est la capitale d'un grand
pays qui se développe avec ce pays ; c'est aussi un grand

port maritime, le deuxième de France, puisqu'il vient immédiatement après Marseille comme tonnage.

Alger, avant d'être une station hivernale, est une grande cité qui se suffit à elle-même et qui ne peut subordonner son mouvement et son travail aux exigences spéciales d'une clientèle hivernale passagère.

On ne peut donc logiquement dire que, comme à Nice ou Biarritz, on doit placer le Casino, lieu de luxe et de plaisir, à l'usage de riches oisifs, au sein d'une cité bruyante, dont l'activité est une nécessité vitale.

La vérité, c'est que le Casino est l'outil indispensable pour la renommée et la vie d'une station hivernale, qu'il n'a de raison d'être que pour attirer et retenir la clientèle étrangère de la station et que c'est pour cette clientèle, à sa portée et à son goût, que cet établissement doit être construit.

Or, pour la grande majorité, les étrangers venant à Alger ne fréquentent pas les établissements de plaisirs de la ville, théâtre et autres, parce qu'ils ne se trouvent pas dans le milieu qui leur convient. Ils ont une préférence marquée pour le quartier de Mustapha-Supérieur, où sont déjà les meilleurs hôtels et où ils s'en fera d'autres, dans un avenir prochain. C'est donc dans ce quartier et avant que les maisons de rapport montent à l'assaut de ces magnifiques coteaux qu'il faut se hâter, pendant qu'il est encore possible de placer un Casino.

Puisqu'on cite de fameuses stations françaises, nous pouvons poser la question suivante : Que voit-on dans ces stations autour du Casino ? Le plus souvent un parc, une voirie irréprochable, des hôtels modernes, en un mot un milieu calme et luxueux.

Que verrait-on autour du Casino d'Alger placé dans l'agglomération, sur le boulevard Carnot par exemple ?

Devant lui le port charbonnier où se manipule plus d'un million de tonnes de charbon par an, le boulevard Carnot d'où la vue serait belle si les fumées des vapeurs et des locomotives permettaient de l percevoir, et, tout autour, des rues aux charrois bruyants, des lignes de tramways aux courbes geignantes et le voisinage immédiat des maisons de rapport aux cubes impeccables mais n'offrant, au point de vue esthétique, que de maigres satisfactions.

Alger développe, le long de la mer, ses quais, ses docks, ses voies ferrées, ses maisons de commerce et d'habitation, ses palais, théâtre, mosquées et églises, c'est la ville essentiellement méditerranéenne où règne l'activité inquiète d'une cité grandissante, consciente de son grand avenir.

Plus haut, sur la colline, se trouve le vieil et curieux quartier arabe de la Casbah, attraction particulière, très goûtée des amateurs d'orientalisme et de couleur locale.

Puis, plus en face de la baie, sur les coteaux de Mustapha-Supérieur, le quartier select où se trouvent, au milieu des orangers et des palmiers, les villas et les hôtels fréquentés par les étrangers.

Alger ne peut ni dans ses quartiers commerçants, sous le vent des fumées de son port, ni dans la Casbah indigène offrir aux hiverneurs le milieu qui convient à un quartier d'hivernage.

Mais ce milieu se trouve, on ne peut plus à souhait, à Mustapha-Supérieur, où à chaque instant s'offre, par des échappées de verdure, la grande baie bleue entourée des lointaines montagnes kabyles aux sommets neigeux.

C'est dans ce quartier déjà connu et recherché par les hiverneurs, dans ce grand parc qui comprend le Palais d'Été, le Musée, les grands hôtels comme le Saint-Georges et les splendides jardins des propriétés comme le Bardo; c'est dans ce quartier, à l'abri du bruit et des mouvements du port, où on pourra entretenir une voirie irréprochable, que doit être placé le futur établissement qui sera un véritable monument au décor splendide, résurrection d'un Alhambra immense où l'électricité permettra de réaliser les splendeurs féeriques dont le rêve merveilleux constitue les contes de Mille et une Nuits.

Ch. MONFORT.

ALGER — IMPRIMERIE FONTANA FRÈRES ET Cie — 5·10

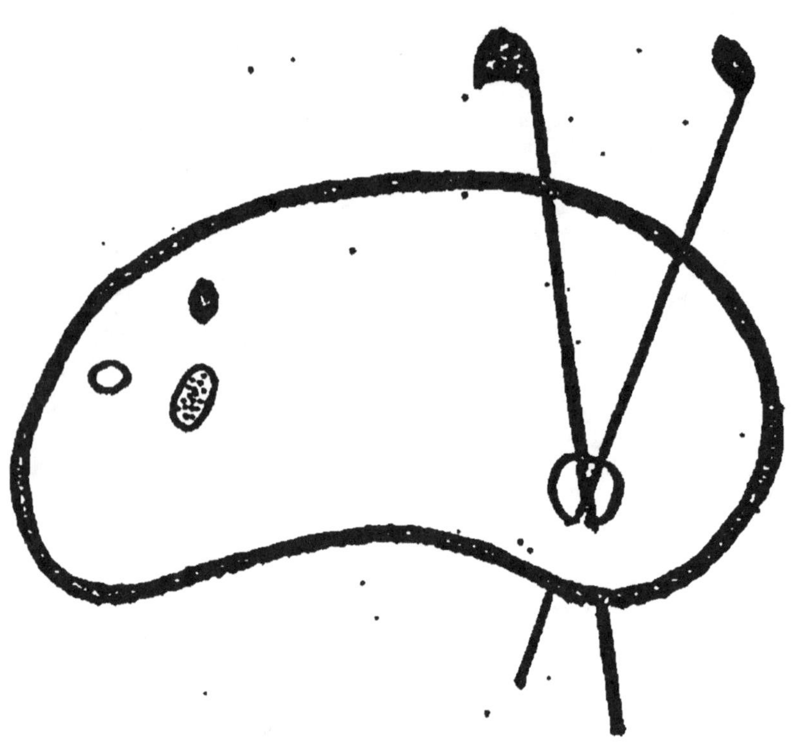

ORIGINAL EN COULEUR
NF Z 43-120-8

www.ingramcontent.com/pod-product-compliance
Lightning Source LLC
LaVergne TN
LVHW022249030726
842520LV00009B/1950